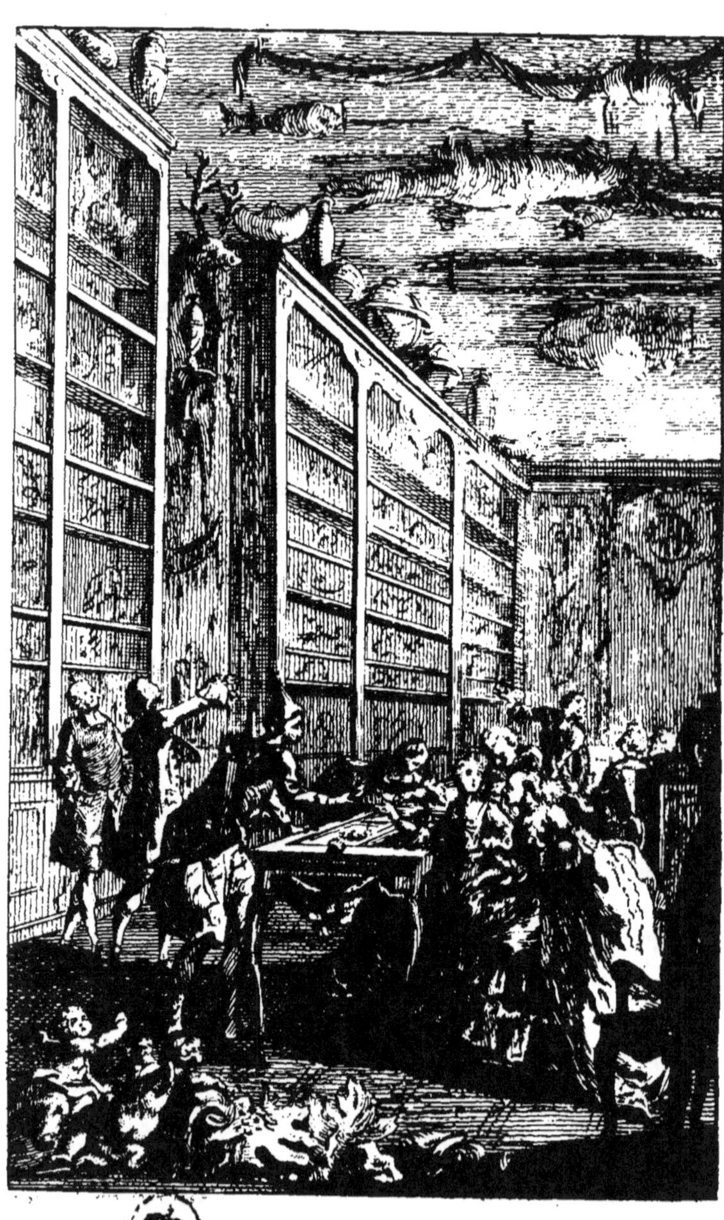

CATALOGUE

DE DESSEINS

DES TROIS ECOLES,

D'un grand nombre de belles Eſtampes en feuilles, dont pluſieurs gravées à l'Eau-forte, par les *Carraches*, *Barroche*, & autres Maîtres, Anciens & Modernes. Livres d'Eſtampes, Deſſeins & Eſtampes montées ſous Verre.

Par les Sieurs HELLE *&* REMY.

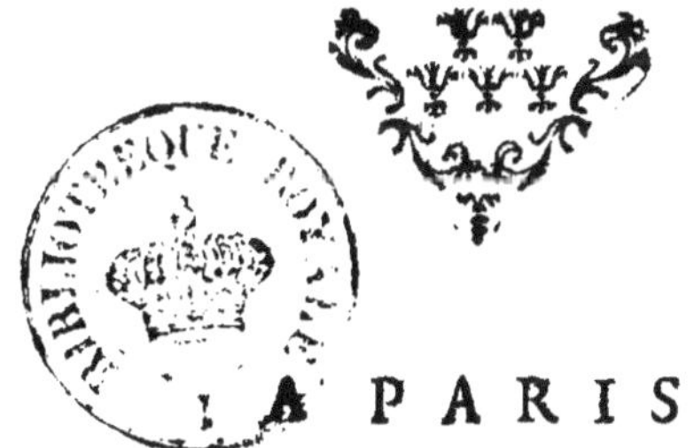

A PARIS,

Chez DIDOT, Libraire & Imprimeur, rue Pavée, près du Quai des Auguſtins.

M. DCC. LXII.

La Vente se fera le Lundi 13 *Décembre* 1762, *à trois heures de relevée, & jours suivans aussi de relevée.*

» Les Affiches indiqueront le lieu où
» se fera ladite Vente. A la fin de ce
» Catalogue, on trouve la Feuille qui
» indique les Numéros des Articles qui
» seront vendus chaque jours.

CATALOGUE
DE DESSEINS
ET ESTAMPES.

DESSEINS.

1. UN grand Payſage à la plume, très terminé, dans lequel eſt repréſenté S. Jean : ce beau Deſſein, qui eſt connu par l'Eſtampe qu'en a gravée Corneille Cort, eſt de Jérôme Mucian.

2. Douze Deſſeins de Baccio Bandinelli, Jacques Palme, François Mazzuoli, Jean-François Barbieri & autres Maîtres.

3. Treize Deſſeins, dont pluſieurs des Carraches.

4. Seize, de Ventura Salimbeni, Ciro Ferri, Jean-Baptiſte Gauli, dit le Bachiche, Annibal Carrache, Céſar Gennari, &c.

5. Trois Desseins de Tadée Zuccaro, à la plume, lavés de biftre ; un de Pierre Facini, & neuf autres de différens bons Maîtres.

6. Sept Desseins, dont quatre d'Architecture, par Ferdinando-Galli Bibiena, Jean-Paul Panini, & d'un Peintre Espagnol son Disciple.

7. Cinq Desseins à la plume, & lavés, par Polidor, Luc Cangiage, Carlo Cefi, & autres.

8. Six autres, par les Palme, Pierre-Paul de Cortonne, furnommé le Gobbo des Carraches, & le Maire Pouffin.

9. Trois, favoir : un de Luc Cangiage, repréfentant Samfon qui porte deux Colonnes, S. Paul du Palme, & une Chaffe au Cerf, par François Romanelle.

10. Quatre Desseins, dont l'Education de la Vierge, à la plume, lavé de biftre, par Carlo Cefi, & deux Sujets de Compofition à la fanguine, par Berettone.

11. Sept Etudes de Têtes & de Figures, par Carle Maratte.

12. Trente Desseins, de Bartholomé de S. Marc, François Salviati, Cangiage, François Molle & autres.

13. Quinze Desseins d'Etudes d'Al-

bert Durer, Otto Venius, P. P. Rubens, Antoine Van Dyck, Rembrandt Van Ryn, Ouden Quellinus, & Corneille Schut.

14. Quatorze autres, dont neuf par Rembrandt.

15. Huit Desseins de Rembrandt Quellinus, de Bray & Lubinetzki.

16. Deux belles Vues de Campagne desinées à la plume, & colorées par Lucas Van Uden.

17. Mercure qui coupe la Tête à Argus; Dessein à la plume, lavé de bistre par Rembrandt, & quatre Paysages de Genoëls & Beckers.

18. Deux jolies Vues de Maisons de Paysans par Hielman, avec figures de Wyerotters. Ces deux Desseins sont à la pierre noire rehaussés de blanc sur papier coloré en petit bleu.

19. Deux autres du même Hielman, avec figures, dessinés à la plume, lavés de bistre aussi sur papier coloré en bleu.

20. Quatre Paysages lavés à l'encre de la Chine, dont trois de Van Bloemen Orisonti.

21. Quatorze Desseins de Rembrandt, Bloemaert, Jean Anselin, surnommé Crabeké, Van Everdingen & au-

A iij

très Maîtres Flamands & Holandois.

30   1   22. Dix Desseins de Hans Bol, Luicken, Roland, Savery, Emelraat, Quirinus Boei &c.

14   1   23 Deux Vues d'Hollande, deffinées à la plume & lavées à l'encre, l'une par J. de Lorme, l'autre par Prompt.

26   5   24. Un Payfage enrichi de ruines, & orné de figures, coloré par Batten. Ce Maître eft très eftimé des Hollandois.

40   1   25. Deux jolis Desseins d'agréable compofition, dont l'effet eft vaporeux: ils repréfentent l'Eté & l'Automne, par Rademaker.

14   1   26. Vingt-huit Desseins de H. de Clerk, Jean Rottenhamer, Van Tilbourg, Martin Hemskerken, Hondt, Marie Haftolf, Difciple de Gonzales & Michaux.

18   12   27. Sept d'Abraham Diepenbeck, François Snyers, Baudoin, Van Bloemen, l'Efcovaert, & autres.

15   1   28. Vingt fix Desseins d'Ouden Quillinus, dont un Payfage coloré; le petit S. Jean, à la plume & lavé de biftre.

9   18   29. Trois desseins d'Etudes de figures à la plume, dont un lavé de biftre par Jacques Callot, quatre de Sébaf-

tien le Clerc, & quatre d'Ifrael Sil-
veftre, dont deux Vues, l'une du
Chateau de Verfailles, l'autre du de-
dans de la Cour du Louvre : ces deux
Deffeins font du plus fini de ce Maître.

30. Deux Deffeins de Nicolas Pouffin,   17   1
dont un de plufieurs Bas-relief d'a-
près l'antique ; deux d'Euftache le
Sueur, & fix autres d'après différens
Maîtres François.

31. Huit Deffeins d'Etudes, fujets &   11   2
figures, par Euftache le Sueur : plufieurs font de fa meilleure maniere.

32. Vingt-un Deffeins de Berrin, An-   10   1
toine Dieu, Corneille, Montagne,
Verdier, Cazes & autres Maîtres
François.

33. Un grand Payfage au crayon rouge,   12   1
par Antoine Watteau, quatre Def-
feins de Cazes, dont deux compofitions à la plume, une Etude de Tête à huile, par François Le Moine,
&c, en tout huit Deffeins.

34. Dix-huit Deffeins d'Ornemens colo-   7   2
rés par Audran.

35. Le Portrait de Largilliere & celui   48   1
de fa Femme, deffinés au crayon noir
& blanc fur papier gris, par Boouys.

36. Vingt-deux Deffeins de Chaperon,   8   3

Lafosse, Debare, Boïtard, Oudry,
Huet & autres.

6   37. Douze Desseins de Charles Parossel,
dont six petites Batailles à la plume,
& lavées.

27   38. Douze autres du même, dont neuf
Sujets de Batailles.

5   39. Dix Desseins de Charles Parossel,
18   De La Rue, & un Paysage de forme
ronde orné d'Architure, Figures &
Animaux, peint à gouazze, par Cler-
ment.

24   40. Cinq, savoir deux d'Allegrain le
Pere, deux de J. B. Oudry & un de
M. Pierre.

8   17   41. Onze autres des mêmes Maîtres, &
deux de Cazes.

18   1   42. Quatre Paysages & Fabriques à la
plume, par Claude Gelée.

26   43. Trois autres du même Maître, re-
hauffé de biftre.

26   44. La Vierge tenant l'Enfant Jesus,
accompagnée de S. Paul & de S. François. Ce Dessein est à la plume, & lavé par François Boucher.

16   11   45. Une très belle Académie d'Homme,
& la Contre-Epreuve d'une autre
Académie par le même.

40   46. Deux Desseins, l'un dans le goût de
Benedette, fait à la plume & au bif-

tre , par F. Boucher ; l'autre dans le
goût d'Oftade & coloré , par Metay.

47. Deux Payfages de M. Pierre , & 5
l'Etude de fon Tableau de reception
à l'Académie, un Sujet de Métamor-
phofe & une Paftorale ; ces deux der-
niers font colorés par Metay.

48. Cinq Deffeins de Payfages & de   10. 10
Poiffons à la pierre noire , par J. Oudry, & un Sujet de Compofition tiré
de Télémaque, à la plume & au biftre,
par Reftout.

49. Trois Deffeins de Metay , dont un   12
coloré repréfentant S. Charles Boro-
mé qui garantit de la Pefte.

50. Trois de Fragola , dont une Com-   9
pofition à la plume & au biftre.

51. Deux Jolis Deffeins d'Architecture   9. 10
de l'ordre Corinthien, & deux Projets
de Fontaine ; ils font à la plume &
en partie colorés.

52. Deux Deffeins d'un bon effet, à la   1
pierre noire , rehauffés de blanc fur
papier bleu , par Chafle ; l'un repré-
fente l'intérieur du Colifé à Rome ,
l'autre la Vue d'un Rocher aux pieds
des Appenins.

53. Une Vue de la grande Cafcade de
Tivoli & une Chûte d'Eau près Poif-
fi ; ces deux Deffeins font de même

que les précédens : mais sur papier gris.

16 54. Deux *Idem*, l'une à Conflans S. Honorine ; l'autre d'une Glaciere à Champigny.

15 6 55. Deux autres du même Chasle, représentant d'Anciens Monumens qui font à Conflans S. Honorine.

18 10 56. Une Femme assise occupée à coudre, ce Dessein est au trois crayons, par L. Aubert.

18 15 57. Trois Desseins, dont un de Lucas & un de Jean de Peckers.

25. 5 58. Deux Paysages à la pierre noire, & deux Sujets d'Enfans colorés par Métay.

8 60. Dix-sept Desseins de différens Maîtres des trois Ecoles.

6 2 61. Quatorze Têtes, les unes au Pastel, les autres au Crayon, par Metay, Quantin & autres.

4 62. Douze autres, *idem*.

6 63. Cent quatre-vingt-onze Académies.

5 19 64. Cent Trente, *idem*.

15 1 65. Cent vingt-neuf Desseins de divers Maîtres, renfermés dan un Volume *in-fol*.

3. 5 66. Cent trente Desseins d'Habillemens de Théatre, par Berrin & autres.

67. Un Porte-feuille contenant cent trente-deux Desseins de différens Maîtres. 15

68. Quatre feuilles de Desseins, d'Etudes par différens Maîtres. 15

69. Trente-sept Desseins de Maîtres des trois Ecoles. 15. 10

70. Quatorze Desseins du Cangiage, Boscoli, Paroffel & autres. 9 2

71. Cent quarante Desseins dans un Porte-feuille. 12

72. Porte-feuille contenant plus de deux cent Desseins 6 12

73. Cent huit Desseins de différens Maîtres des trois Ecoles. 9

74. Six grands Desseins colorés, faits à l'occasion des Fêtes de la Ville, par Blondel. 12

75. Dix-neuf autres *idem*. 8 2

76. Trente-six Desseins de Plans & Vues. 22 1

77. Un grand Dessein très conservé, monté sur toile avec rouleau & gorge d'environ neuf pied de long, il représente le Projet d'un grand & beau Palais illuminé, par F. Dumeni. 60

78. Un Porte-feuille de Desseins d'Italie & autres. 109 17

79. Un autre Porte-feuille de Desseins de divers Maîtres. 173

A vj

80. Cent quarante-neufs Feuilles de Coquilles peintes par un très habile Artiste Hollandois. On exposera cette suite dans son entier & s'il ne se trouve pas d'Enchérisseur, elle sera divisée en seize parties.

***

ESTAMPES.

Ecole d'Italie.

81. Onze Têtes de Papes, La Vierge à la longue Cuisse, & la Cêne d'après Raphael, par Marc-Antoine; le Massacre des Innocens, par Marc-Antoine & Silvestre de Ravenne, d'après *Bocius Florentinus*

82. Dix Estampes, plusieurs sont gravées par Marc Antoine, entr'autres David qui coupe la Tête de Goliath, Alexandre qui fait ouvrir un Tombeau, Hercule qui étouffe Anthée, une Bachanale, &c.

83. Cinq pieces distinguées, gravées par Marc Antoine, dont celles connues sous le nom des Cléopâtres, & sept autres pieces par Augustin Vénitien & Jules Bonazone.

84. Huit Estampes, dont six de Marc

Antoine, entr'autre une grande Frife appellée la Pile ; la Vénus accroupie proche d'un Pied d'Eftal fur lequel eft un Amour, &c.

85. Le Jugement de Paris, gravé par Marc Antoine, beau d'Epreuve.

86. Six Eftampes gravées par le même, dont les trois angles d'une des pieces du Palais Chizi & la Pefte.

87. L'Hiftoire de Pfychée, d'après Raphael, par Marc Antoine, en trente une pieces, parceque la vingt-quatrieme manque, elles font avant le nom de *Salamanque*.

88. Cinq Eftampes d'après le même, dont l'Ecole d'Athenes, & la Difpute du S. Sacrement, par Georges Mantouan, belles épreuves.

89. Dix Eftampes d'après Raphael, Lucas Penni, Polidor & Jules Zumbo.

90. Douze Eftampes d'Anciens Maîtres, dont deux gravées par Martin Rotta & N. Beatrizet.

91. Trois grandes Eftampes, très belles d'Epreuves bien confervées, & des plus eftimées de Jules Bonazone.

Michel-Ange Bonarotti.

92. Huit pieces, dont le Jugement de

nier, avec le Portrait de Michel Ange dans un ovale au haut de l'Eftam-
pe, par Martin Rota, rare. Autre Jugement, de même grandeur & du même Graveur. Ganimede, par Tho-
maffin ; & fix autres pieces, dont plufieurs de Bonazone & Beatrizet.

92 *. Les Sybilles & les Prophetes en
fix grandes pieces, par Georges Mantuan , anciennes épreuves, deux font
avant la lettre.

92 **. Huit Eftampes par Bonazone,
Chérubin, Albert &c, & le Jugement dernier en dix pieces.

93. Les Trois grandes Pieces d'après
Antoine Correge , gravées par Du-
change ; Epreuves avant les linges.

94. Quatre autres Eftampes d'après le
même , dont Io , & Jupiter qui tombe en pluye d'or , par Dérochers,
cette derniere eft premiere épreuve
avant la lettre.

95. Quatre Eftampes de Frédéric Baro-
che, dont une Annonciation gravée
par lui-même ; cette piece eft très
eftimable.

96. Six Pieces gravées à l'eau-forte, favoir trois par Camille Procaccino ,
dont une grande & belle Epreuve repréfentant Notre Seigneur fur le Ta-

bord, trois par Horacius Borgiannus.

97. Une Nativité d'après Chérubin Albert ; la Cêne de Livius Folinetanus, Trois pieces de Georges Mantuan, & une de George Vasari, par Thomassin, toutes belles épreuves. 11. 19

98. Dix Pieces dont les Nopces de Cana d'après François Salviati, par Henri Goltzius & Jacques Matham. 6

Annibal & Augustin Carrache.

99. Six Estampes gravées par les Carraches, savoir, Notre Seigneur dans les bras de la Vierge, accompagné d'un Ange qui lui tient une main, d'après Paul Calliari, très belle épreuve : le Mariage de Sainte Catherine ; S. François & S. Jérôme, de Vannius, & deux Etudes de pieds du Livre a dessiné du Carrache. 4. 19

100. Six pieces gravées par Annibal & Augustin Carrache, dont le S. Jérôme, plusieurs sont très belles d'épreuves. 6. 18

101. La Vierge appellé au Croissant, d'après *Jacobus Ligorio*, & le petit Comédien ; ces deux Estampes sont très belles d'épreuve, & rares. 6. 8

Guido Reni.

9 1 102. Dix Sujets de Compositions gravés à l'eau-forte, par Guido Reni, & la Vierge avec des Anges, par Vallet, épreuve brillante.

8 102 *. Six Estampes, dont S. Michel, par Frey ; l'Adoration des Bergers de Poilli, & une Cleopatre, par Robert Strange, d'après un Tableau de la riche Collection du Roi d'Angleterre.

9 2 103. Neuf Estampes de différens Maîtres, dont les Noces de Cana, par Jean - Batifte Vanni, belle épreuve & ancienne.

Pietre Beretin de Cortonne.

9 1 104. Quatre grandes Estampes, anciennes épreuves qui font ; la Victoire d'Alexandre, le Triomphe de Bacchus, Achile & Polixene, & l'Enlevement des Sabines, toutes par P. Aquila.

8 19 105. Six Estampes par François Spierre, G. Castellus Gandensis, & autres, toutes belles épreuves.

12 2 106. Dix-huit pieces par Frey, P. Aquila &c.

- 1 107. Douze autres d'après Cortonne

ne, Cyro Ferri & Romanelle, dont le
Mont Athos, par François Spierre.

Cyro Fery.

108. Cinq Eſtampes gravées par Frey,   10 19
   P. Aquila & autres, dont le Frappement du Rocher très beau d'Epreuve.
109. Douze Pieces, dont huit qui com-   6
   poſent la ſuite de la Coupole de Ste.
   Agnès à Rome, gravée par Dorigny;
   & une grande Eſtampe en deux morceaux par Arnold Weſterhout, rare.
110. Vingt-deux Eſtampes de Cyro Fery,   4 4
   Romanelle & Jean Baptiſte Lenardi.
110 *. Vingt-trois Eſtampes, gravées à   32 14
   l'eau-forte, par Salvator Roſa, dont
   ſeize grandes Pieces.

Carle Maratti.

111. Six grandes Eſtampes, quatre ſont   9 2
   gravées par Frey, les deux autres par
   R. V. Auden Aerd.
112. Huit autres de Frey, P. Aquila,   10
   Nicolas Dorigny, Jérôme Frezza &
   Auden Aerd.
113. Huit par les mêmes Graveurs, ex-   8
   cepté P. Aquila, & Frezza.
114. Douze autres Eſtampes.   8

115. Quatorze Pieces, dont la Vierge avec l'Enfant Jesus, Estampe de la gallerie de Dresde, par J. Daullé.

116. Ving - six Estampes, gravées en Italie, d'après Lanfranc.

117. Sept Estampes d'après Lanfranc, dont les quatre Angles de la Maison Professe des Jésuites à Naples, gravées par H. Trudon, & sept autres pieces de divers Maîtres.

118. Quatre belles Estampes du Dominiquain, dont le Martyre de Sainte Cécile, par de Poilly,

119. La Communion de S. Jérôme, par Bénédict Fasjat, d'après un Tableau qui est dans l'Eglise de la Charité de S. Jérôme à Rome ; S. Jérôme au désert, par Audran ; & trois pieces du Cabinet du Roi, par Rousselet, Picard & Audran, dont Enée qui emporte son pere Anchise, toutes belles épreuves.

120. Dix Estampes de François Albanne, François Calabroise &c. dont Joseph & Putiphar, par Frey, d'après Charles Cignani.

121. Cinq grandes Estampes, dont le Triomphe de Galatée en deux feuilles, d'après Grégoire Lazarini.

122. Douze Estampes, dont quatre de

Sébastien Conca, par J. Frey.

123. Six Estampes d'après le Guerchin, 8
dont quatre par Pasqualinus ; une par
Dorigny, l'autre par F. Charpentier ;
& l'Yvresse de Bacchus gravée à l'eau-
forte, par Joseph de Ribera surnommé l'*Espagnolet*.

123 *. Sept Estampes , dont trois de 8 19
Guerchin, par Pasqualinus, entre'autres la Résurrection du Lazare , d'une
beauté d'épreuve extraordinaire.

124 Sept grandes Estampes gravées de 14
bon gout, par Marcus Pitteri, d'après
Pietro Longhi. Six de ces pieces re-
présentent des Sacremens ; l'Extrê-
me-onction manque.

125. Quarante-une pieces , dont plu- 5 10
sieurs, par de très anciens Maîtres.

126. Vingt Estampes de Joseph Passeri ,
Cigoli , André Sacchi , Spierre &
autres.

127. Cinquante-cinq Estampes de Fran- 12 2
çois Mazzuoli, ou le Parmesan , dont
treize gravées par lui même : entre'autre le Martyre de S. Pierre & de S.
Paul.

128. Quinze Pieces , dont plusieurs à 6 9
l'eau-forte, par Ventura Salembeni,
& Raphael Schiaminosi.

129. Vingt-six Estampes , d'après diffé- 5 10

rens Maîtres tant anciens que modernes.

130. Vingt-une Estampes de la suite de
Crozat.

131 Trente-neuf Estampes de différens Maîtres.

132. Sept grandes Estampes d'Architecture, par François Vivares & J. sébastien Muller, d'après Jean - Paul
Panini ; elles sont très belles épreuves.

133. Seize pieces d'après Solimene, Lazare Baldi , Louis Carrache , Luc
Jordans & autres.

134. Quarante-quatre Estampes diverses , dont plusieurs à l'eau-forte.

135. Trente - cinq Estampes de Pietre
Teste.

136. Douze pieces d'Edifices, Obélis-
ques qui se voient à Rome , plusieurs
sont gravées par Spierre , d'après le
Cavalier Bernin.

ECOLE DES PAYS-BAS.

Albert Durer.

137. Adam & Eve , & une copie du
même sujet , gravée par Wierix : ces
deux pieces sont belles d'epreuve.

138. La Paſſion de Notre Seigneur, en ſeize pieces épreuves brillantes, & deux entaille de bois.

139. Onze petits ſujets de Vierge, un Repos en Egypte, & Notre Seigneur portant ſa Croix beau d'épreuve : ces deux dernieres pieces ſont gravées par Sadeler.

140. Neuf jolis ſujets de Vierges ; les deux principales, ſont un Repos en Egypte, & la Vierge à la pômme, toutes très belles d'épreuves.

140 *. L'Enfant prodigue & le grand S. Jérôme ; ces deux Eſtampes ſont très belles d'épreuve.

141. Le S. Hubert, le petit S. Antoine, & vingt autres Eſtampes ſujets & portraits.

Lucas de Leyde.

142. Soixante-ſept Eſtampes gravées au burin, dont l'Adoration des Rois, le Chriſt préſenté au Peuple, & la Mariée de Village : plus dix autres gravées en bois.

143. La Paſſion de Notre Seigneur en quatorze pieces, les Douze Apôtres, S. Chriſtophe & les quatre Evangéliſtes : en tout trente-une pieces.

144. La Paſſion de Jeſus-Chriſt, en neuf pieces de forme ronde, entourées de bordures d'ornemens & figures : cette ſuite eſt très rare.

Pierre Paul Rubens.

145. La Thomiris, (n°. 29. page 72 du Catalogue de l'Œuvre de Rubens, par Hecquet,) gravée par Paul Pontius, très belle épreuve & rare.

146. Remus & Romulus allaités par une Louve, (n°. 24. page 71. du Cat. d'Hecquet) cette aimable Eſtampe eſt brillante d'épreuve.

147. Deſcente du S. Eſprit, gravée par Paul Pontius, ancienne & belle épreuve. (n°. 113. page 26. du Cat. d'Hecquet.

148. Deux Nativités, l'une en hauteur, l'autre en largeur, (n°. 6. & 7. page 9. du Cat. d'Hecquet) anciennes épreuves.

149. Ecce Homo (n°. 68. page. 19.) S. Ignace. (n°. 23. page 47.) Charle de Longueval, (n°. 5. page 78) par Lucas Vorſterman ; & Bacchus Yvre, par Soutman, (n°. 62. page 37.) cette épreuve eſt avant la peau de Lion, par conſéquent ancienne.

150. L'Elévation de Croix en trois pieces, (nº. 71. page 20.) par Withouc,
très belle épreuve, bien conditionée.

151. Onze autres Estampes, gravées par
Withouc & autres, dont le Martyre
de S. Livins.

152. Sept Chasses, dont celle aux
deuxLions, par S. A. Bolswert,
qui est des plus rares; la Chasse au
Loup & celle au Crocodile, par Soutman, ces trois pieces sont très bon-
nes épreuves & bien conditionées.

153. Huit Estampes de la suite de la
Gallerie du Luxembourg, dont une
des trois grandes ; elles sont toutes
belles épreuves.

154. Le *Quos ego*, gravé par Daullé,
premiere épreuve avant la lettre ; Cette belle Estampe est une des pieces
de la suite de la Gallerie de Dresde.

155. Dix Estampes, dont sept de P. P.
Rubens ; les trois autres, de Van Dyck.

156. Dix Portraits d'Hommes & de
Femmes, dont Pierre Breughel, gravé à l'eau forte par Van Dyck.

157. Quatre Estampes d'après Jacques
Jordaens, dont le Martyre de Sainte
Apoline & deux pieces d'après Van
Dyck.

158. Deux pieces d'après le même Jor-

daens, dont Mercure qui coupe la Tête
à Argus ; épreuve avant l'adreſſe de
Bloteling , peu facile à trouver ainſi.

159. Sept Eſtampes, dont quatre gravées par Jordaens lui-même, les autres le ſont par Bolſvert , Lauvers &
Neefs.

160. Le Roy boit, d'après Jordaens , par
Paul Pontius , ancienne épreuve.

161. L'eau-forte de la grande Fête de
Village gravée par Thomas Major ,
Anglois, d'après David Teniers. Ce
morceau eſt très eſtimé.

162. Huit Eſtampes d'après D. Teniers,
par Major & autres, dont le Chirur-
gien de Campagne , ancienne épreuve.

163. La grande Chaſſe à l'Oiſeau , le
grand Marché aux Chevaux, le Quar-
tier Général de l'Armée Hollandoiſe,
par Moyreau , & la pourſuite du Cerf
dans la Riviere, par Tiſchler. Ces quatre pieces ſont premieres épreuves.

164. Un grand Payſage & Vue de Ro-
chers avec Figures & Animaux parfai-
tement bien gravés , par Aliamet d'a-
près un Tableau de Nicolas Berghem ,
qui eſt dans la Gallerie de Dreſde.
Cette Eſtampe eſt avant la lettre.

165. Dix-ſept Eſtampes de Berghem,

par Viſcher, Danckerts & autres. Il
y en a de très belles & anciennes
épreuves.

Rembrandt-Van Rhein.

166. La Deſcente de Croix & l'Ecce Homo, grandes pieces en hauteur. Cette
derniere eſt avant le nom d'Amſtelo-
dami.   44 19

167. La petite Tombe épreuve d'une
extrême beautée.   10 13

168. Six pieces qui ſont, l'Enfant pro-
digue, Abraham avec ſon fils Iſaac,
Jacob qui pleure la mort de Joſeph,
Notre Seigneur crucifié, trois Figures
Orientales, & trois Mandians à la
porte d'une priſon.   4 5

169. Le Portrait de Rembrandt & de ſa
Femme; le Jeune Haaring, ce Portrait eſt avant d'être tronqué : Homme avec une Chaîne & une Croix peu
commun, & trois Epreuves différentes du Portrait de Rembrandt, gravé
par M. Marcenay de Guy, d'après un
Tableau du Cabinet de Feu M. le
Comte de Vence.   8

Corneille Visscher.

18 · 7 170. Gellius de Bovma, connu sous le nom d'une des trois Barbes de Vis-scher, très beau d'épreuve.

13 171. Une fort belle épreuve du Portrait de Coppenol Maître Ecrivain d'Hollande.

7 172. *Fanciscus Valdesius , Domicella Magdalena , & Janus Dovsa*, très beaux d'épreuves. La Fricasseuse avec le nom de Clément de Jonghe, mais avant la retouche.

12 · 18 173. La Bataille des Huffards d'après Van Laer , dit Bamboche.

12 · 19 174. Cinq Estampes d'après Van Laer , gravées par C. Visscher & autres.

6 · 4 175. La Paix de Munster , gravée par Suyderhoef, bonne épreuve.

18 1 176. Une grande piece d'après David Vinkebon , représentant une Fête Vénitienne , gravée pat Nicolas de Bruyn , belle épreuve.

14 177. *Theodorus Cornhertius* , par Goltzius, & deux Epreuves de Chilon : *Philosophus Spartanus* , par Jean Muller ; l'une de ces deux dernieres pieces qui est superbe epreuve , se trouve avant les Hachures, qui ser-

vent à former la rondeur de la partie
du Globe ; on a coupé le papier blanc
qui étoit au pourtour de la gravure,
mais la ligne noire qui fait l'ovale ;
se voit en entier.

178. Neuf Portraits intéressans, choisis
& beaux d'épreuves, par H. Goltzius, dont Jean Bollius, Françoise
Degmont, Jean Zurenus, le Porte
drapeau, le petit Mathématicien, &c.

179. Le Portrait de de Goltzius par Soutman, celui de Egbert Meesz, Korte-
naer Admiral d'Hollande, & l'alliance de Bacchus & de Céres d'après H.
Goltzius, par Saenredam ; ces trois
Estampes sont belles épreuves.

180. L'Annonce aux Pasteurs de Bloemaert, par Saenredam, & les Peres
de l'Eglise, par Bloemaert ; anciennes Epreuves, belles.

181. Quatorze Feuilles de Batailles ,
Vues de Mer, Plans & autres pieces,
gravées par R. de Hooge.

182. Quinze Estampes intéressantes ,
gravées par J. Velde, d'après Wten-
broeck, P. de Molyn & autres, bon-
nes Epreuves.

183. Le Portrait de Bogardus, l'Hôtel
de Ville d'Anvers ; plusieurs Paysages, Marines & Vues, en tout trente

deux pieces gravées par Van Hollar.

18   184. Douze belles Estampes de Gérard Lavresse, dont le Parnasse en deux Feuilles & la Piramide.

10   185. Un Œuvre de Chérubin Albert, en quatre-vingt-quatorze pieces, toutes Epreuves choisies. *vol. in fol. v.*

9 1   186. Neuf Portraits distingués & beaux d'épreuves, dont Jacob Edelheer, par Fruytiers, Hugenius & Nicolas Lanier, d'après Livius, de L. Vorsterman, Jean Neyen, par Muller, & un Sujet de nuit, par de Coster.

6 12   187. Dix-huit Estampes d'Animaux & Figures faites avec esprit & d'une jolie pointe, par D. Stoop, G. Leone & Ridinger.

12   188. Douze grandes Estampes, Sujets d'Animaux, par Ridinger.

5 15   189 Cinq d'après Van der Neer, Bega, Jean Steen, Troost & Van Goyen, plusieurs de ces Estampes sont gravées en Angleterre.

6 15   190. Quatre autres, *idem.*

12 1   191. Sept Estampes de Goudt & Hollar, d'après Adam Elzenir, & un Orage d'après Van Uden, par M. De Marcenay.

J. Smith.

192. La Sainte Famille de Carle Maratte, & Sainte Catherine d'après Kneller, belles épreuves.   6 12

193. La Magdelaine à la Lampe, d'après Schalcken, magnifique épreuve.   6 10

194. Quatre pieces intereſſantes, qui   12
font Mlle. Cros, *Lady Frances and
the Lady Catharine Jones Daughterſto*, épreuve avant la lettre, Grinlin, Gibbons & Godefroy Schalcken.

195. Quatre pieces auſſi intereſſantes   10
que les précédentes, ſavoir, le Prince de Galles & la Princeſſe ſa Sœur,
The Lord Buckhurſt & *Lady Mary
Sackvil*, la Comteſſe de Salisbury,
ou la Veuve, & *Lady Frances and the
Lady* Catherine *Daughterſto* épreuve avec la lettre.

196. Le Duc de Schomberg à Cheval, &   6
celui de Moſcovie, tous deux d'après
Kneller. Le Duc de Gloceſter, d'après
Murrey.

197. Trois Portraits d'Hommes & trois   9
de Femmes.

197*. Onze Portraits de Dames Illuſ   5 4
tres.

Manieres Noires.

3. 4   198. Sept Eftampes, Sujets Payfages &
Animaux : toutes agréables & belles.

10 2   199. Un Lieu commode, par Verkolie ;
une piece éclairée à la lumiere, par
Gole, fa forme eft ovale, & Vénus
avec Adonis, d'après le Pouflin, par
Smith : ces trois Eftampes ne font pas
communes.

4. 18   200. Les Portraits de Pope, Baptifte
Monoya, & Joung Parr, par G.
White : Stephanus Wolters, par Verkolie, Prideaux Baffet, Mifs Hudfon,
& fept autres Eftampes, fujets de
compofitions, par J. Faber : en tout
treize pieces.

4 1   201. Vingt-deux Eftampes, Sujets &
Portraits, par Vaillant & autres.

5. 4   202. Vingt cinq autres, dont S. Paul de
Linfchoten, par N. Verkolie.

12. 2   203. Quatorze Portraits & Sujets, par
Faber, plufieurs font avant la lettre.

9   204. Douze autres, *Idem.*

ÉCOLE FRANÇOISE.

Jacques Callot.

205. La grande Paſſion en ſept pieces, très belles épreuves.

206. La petite Paſſion en douze pieces : le Lavement des Pieds s'y trouve avant le nom de Callot.

207. Les Grands Apôtres en ſeize pieces, & les petits en douze, épreuves avant le nom de Callot & d'Iſrael.

208. Les trois Sacrifices avant le nom de Callot, & le Martyre de S. Laurent.

209. Trente-trois pieces, dont la Vie de la Vierge, les quatres Banquets, les ſept Péchés Mortels, avant le nom de Callot.

210. Le Martyre de S. Sébaſtien, le *Benedicite*, un Maſſacre des Innocens, & les Martyrs du Japon.

211. Les Miſeres de la Guerre en dix-huit morceaux, anciennes épreuves.

212. La Tentation de S. Antoine, le Combat de Veillene, & le Parterre de Nanci.

213. Les Supplices, belle épreuve.

214. Trente-huit Eſtampes, qui ſont la

Nobleſſe, les Gueux, le Berlan &
un Bataillon.

8 14 215. Varie Figure Gobbi, en vingt-une
pieces. Les Bailii en vingt-quatre ;
& les quatre Bohémiens.

Sébaſtien le Clerc.

11 18 216. Les Batailles d'Alexandre, en cinq
pieces, brillantes épreuves, & la Gallerie des Gobelins.

8 217. La Pierre du Louvre, Epreuve des
premieres tirées avec l'année.

18 218. Quinze Eſtampes, dont pluſieurs
peu communes, le Mai des Gobelins,
avec la petite Femme à la portiere du
Carroſſe qui s'y trouve parfait.

10 219. Huit, dont le S. Paulin avant
l'Impreſſion, rare : & la Vignette
des Arts

6 220. Meſſine ſecourue, Grey, & la
Bataille de Caſſel : la priſe de Douay,
épreuve avant la Lettre.

4 19 221. Vingt - trois Eſtampes des Animaux du Cabinet du Roi ; il y en a
vingt deux de tronquées.

2 1 222. Les Médailles du Cabinet de ſainte
Genevieve.

Nicolas Poussin.

223. Les sept Sacremens , gravés par Pesne : beaux d'epreuves.   15

224. Huit Estampes, par Pesne, Audran & Dubosc.   7 . 1

225. Huit autres , dont plusieurs avant la Lettre.   10

226 La Manne, par G. Chasteau , belle épreuve avec le nom de Goyton, & le grand Crucifiement, par Claudine Stella.   7 . 10

227. Le tems qui enleve la Vérité, sujet Allégorique , gravée par Gérard Audran , premiere épreuve avant la Draperie.   15 . 19

Sébastien Bourdon.

228. Une Sainte Famille , par Van Schuppen , parfaite épreuve.   7 . 4

229. Dix Sujets de l'Ancien & du Nouveau Testament, gravés à l'eau-forte , par S. Bourdon , toutes anciennes épreuves.   6 . 1

230. Six Estampes , dont une par Poilly.   5

231. Trois Sainte-Famille, par Rousselet, de Poilly & Bourdon lui même ;   8 . 1

seize Payſages, de Jean Prou, les ſix autres par Baudet, Epreuves avant les Chiffres & l'adreſſe d'Odievre.

232. Dix Eſtampes, différens Sujets, dont pluſieurs de l'Hiſtoire Romaine.

Charles le Brun.

233. Le Maſſacre des Innocens en deux pieces, & St Michel Foudroyant les mauvais Anges, par Loyr ; en deux feuilles aſſemblées, & une des grandes Batailles d'Alexandre, édition de Goyton : de le Brun, au bas eſt écrit. Ainſi par la vertu s'élevent les Héros.

234. Treize pieces, dont pluſieurs de différens Plafonds.

235. L'Hiſtoire de Méleagre en huit pieces compris le titre, par Bernard Picard, épreuves anciennes.

236. La Gallerie Lambert, en ſeize feuilles compris les deux titres.

237. Le Martyre de S. André, & celui de S. Eſtienne, d'après les Tableaux de Charles le Brun, qui ſont à Notre-Dame de Paris, & le Plafond du Val de Grace en ſix pieces, par Audran.

Jean Jouvenet.

238. Quatre grandes Estampes, gravées
par Jean Audran, & Gaspard du
Change, d'après les Tableaux qui
sont à S. Martin des Champs, anciennes épreuves.

239 Quatorze autres. Estampes, dont
six, gravées par Louis Desplaces.

240. Dix Estampes, de Louis de Boulogne, dont sept gravées à l'eau-forte,
par lui-même.

241. Dix Pieces de la Fosse, Bertin, de
Troy, François le Moyne, & Carle
Vanloo.

242. Six autres, dont le *Quos Ego*,
d'après Coypel, par Bernard Picard,
très beau d'épreuve.

243. Douze Estampes de Natier, Lan-
cret, Tremoliere, François Boucher,
& Fragonard.

244. Cinq Estampes, de François le
Moyne, dont trois gravées par L.
Cars.

245. Dix pieces, gravées par Lépicié,
le Bas, N. Cochin & Filloeul, d'a-
près Chardin.

246. Une Marine, d'après Joseph Ver-
net, par Baleschou, c'est celle qui est

dédiée à M. le Marquis de Marigny.
Cette Eſtampe eſt des premieres
épreuves.

8 17 247. Six autres d'après le même Maître, dont une d'un goût diſtingué,
gravé par M. de Marcenay.

8 19 248. Sept Eſtampes de M. Pierre, dont
une très belle tête de grandeur natu-
relle, gravée dans le goût de la maniere noire, par M. Watelet.

10 249. Huit piéces, ſept ſont d'après
Carle Vanoo.

11 10 250. Dix Eſtampes par Floding, François & Deſmarteau.

6 251 Quatre beaux Portraits de Nanteuil, ſavoir Jean - Baptiſte Van
Steenberghen connu ſous le nom
de l'Avocat d'Hollande, François Sar-
raſin, Jean Loret & Jean Chapelain,
beaux d'épreuves.

6 252. Le Portrait de la Mothe le Vayer,
par Nanteuil; ce morceau eſt eſtimé être un chef d'œuvre de l'Art.
Marin & Dupuis, par Maſſon.

Hyacinte Rigaud.

55 253. Le Portrait du Roi de Pologne,
Electeur de Saxe, gravé par Baleſ-
chou. Cette épreuve eſt toute des

premieres tirées : il n'eſt pas facile
d'en trouver d'auſſi parfaite.

254. Le même Portrait, beau d'épreuve. 27

255. Le Portrait de Louis Hector, Duc 11 19
de Villars, premiere épreuve ; & M.
de Courſillon, avant la Lettre : tous
deux par Drevet.

256. La Ducheſſe d'Orleans & Dufay, 15
par P. Drevet. Jean de la Fontaine
& la Mothe le Vayer, par Ficquet
excellent graveur en petit.

257. Dix-ſept Portraits, d'Edelinck, 10 . 2
Simonneau, Vermeulen & au-
tres.

258. Le Portrait de M. Boſſuet, par 23 . 3
P. Drevet, beau d'épreuve.

259. Quatre beaux Portraits de Gens 5 . 14
d'Egliſe.

260. Huit de Gens d'Epée. 7 . 18

261. Onze de différens Etats. 10 1

Nicolas de Largilliere.

262. Neuf Portraits dont le petit Kel- 7
ler, gravé par Edelinck, beau d'é-
preuve rare.

263. Dix-huit, autres, dont pluſieurs 6 . 19
par Edelinck & Poilly.

264. Le Portrait de Mademoiſelle Bou- 9 2
cher en Veſtale, d'après Raoux, par

Dupuis, épreuve avant la lettre.

11. 13 265. M. Mallé d'après Tocqué, gravé par George Wille, épreuve avant la lettre.

7. 6 266. Le même Portrait avec la lettre, & celui de Mignard, par Schmidt, d'après Rigaud.

Estampes de diverses Ecoles.

13. 4 267. Cinq Portraits, colés & ajustés avec filets d'or, gravé par J. G. Wille, G. E. Schmidt, G. Audran, & H. Goltzius. Plus les trois Maries, par Crispin de Pas.

5 268. Six Estampes, dont un Bacchal, par le Maître, au Chandelier.

11. 5 269. Treize Estampes de Bartholomé, Wauvermans, & autres.

5. 9 270. Dix de Brouwer, Teniers, Gerard Dow, Terburch & autres.

7. 7 271 Huit Estampes, dont les Plaisirs du Bal, l'Accordée de Village & l'Embarquement de Cythere, par Watteau.

7. 10 272. Trente-quatre Paysages gravés à l'eau-forte, par Herman van Suanevelt, très beaux d'épreuves, & trente-deux autres d'après Paul Bril, par Nieulant.

273 Cinquante deux Payfages gravés par   5. 4
Waterlot, dix d'après Roelant-Sa-
very & huit d'après Nieulant.

274 Seize Payfages, de Gafpe, Focus,   8 10
Francifque & Claude Lorain, dont
le Campo Vacino, gravé par lui-
même.

Eſtampes en Volumes & en Livres.

275. Les Plantes du Cabinet du Roi   280
en 319 piéces, *grand papier. 3. vo-*
lumes in fol. v. Cette ſuite eſt extrê-
mement rare. On prétend qu'il n'y
en a eu que douze Exemplaires de
tirées.

275. * Cinq cens Eſtampes d'Emblê-   10 5
mes & autres, pluſieurs ſont gravées
par W. Hollar. *vol. oblong, in fol.*
veau.

276. Hortus Eſtettenſis, *en 2 vol. grand*   184 1
in fol. veau fauve. Ce Recueil de
Plantes eſt proprement enluminé, ce
qui le rend d'autant plus recomman-
dable.

276. * Vingt Eſtampes de Wauvermans,   15
& cinq Pompes funébres, par M.
Cochin, anciennes épreuves. *grand*
in fol. v.

277. Dix-huit Cartes manuſcrites du   9 2

Neptune François. Sept Cartes &
Plans gravés. *vol. in fol. Par.*

8   278. Un Volume *in fol. Par.* contenant des Portraits & Sujets en maniere noire, par différens Maîtres.

18   279. Quatre-vingt-dix-neuf Eſtampes
de divers Maîtres. *vol. in fol. Par.*

4   1   280. Cinquante cinq Portraits d'Edelinck, Drevet & autres. *1ol. in fol.*
Par.

8   281 Cent trente-cinq Eſtampes de divers Maîtres.

2   10   282. Soixante - cinq Sujets de devotion
& autres par différens Maîtres. *in fol.*
oblong, mar. rouge.

6. 6   283. Trois cens vingt-deux piéces de
petits Maîtres & autres. *vol. obl. mar.*
rouge.

6   1   284. Soixante-dix-huit morceaux d'Antiquités & autres. *v. obl. mar. rouge.*

23 . 5   285. Différentes attitudes de Cavalerie,
Infanterie, de Parroſſel & Watteau.
vol. in fol. v.

45   286. Une ſuite de Portraits de Perſonnes Illuſtres de tous Etats, en 635
piéces, par différens bons Graveurs.
. 2 *vol. in fol. Par.*

15-15   287 Quatre cens cinquante une Eſtampes de petits Maîtres. *In fol v.*

8   19   288. Soixante-huit Eſtampes, de J. Sil

veftre, le Pautre, & Vander Meulen.
vol. papier marbré.

289 Trois cens trente Eftampes prefque toutes de Tempefte. *in fol. v.* 9 1

290. Soixante-fept Eftampes de Chauveau, dont l'Hiftoire Romaine en dix-huit piéces. *petit in fol. Par.* 3 10

291. Trois Volumes contenant 112 Eftampes, Portraits, Animaux, Trophées, Ornemens, &c. 4 1

292. Cinq autres de 153 Eftampes diverfes, dont onze piéces du Telémaque, gravées par J. P. le Bas. 6

293. Trois Volumes de différentes Eftampes. 6 17

294. Le Neptune François, de l'Imprimerie Royale, en 1693. relié en veau avec les armes du Roi. Toutes les épreuves font belles & bien conditionnées. *grand vol. in fol. v.* 12 1

295. Atlas de Jaillot en 99 piéces, anciennes épreuves. *grand vol. v.* 56 1

296. L'Ancienne Colomne Trajane, par Tempefte. *A Rome,* 1616. *in* 4. *v.* 288

297. Le Cabinet de l'Archiduc Leopolde, en 230 pieces, gravées d'après les Deffeins, & fous la conduite de David Tefniers. *Bruxelles,* 1660. *in fol baçane.* 27 5

298. L'art de monter à Cheval, par Plu- 1 12

vinel. *Paris.* 1629. *in fol. v.*

5 299. La France Metallique, par J. de Bie. *Paris*, 1636 *in fol. v.*

20 12 300. L'Architecture Françoise. *Paris*, 1727. *chez Mariette. in fol. v.*

4 . 5 301. Atlas de Homman. *in fol mar.*

16 302. Relation du siége de Namur. *La Haye*, 1695. *in f l. v.*

4 10 303 Quatre-vingt morceaux de Cartes, vues de Paris & de ses environs. *in fol. v.*

11 304. Une Gallerie du Carrache, par Chastillon en 14 piéces, & huit Estampes de différens Maîtres. *in fol. oblong.*

15 18 305. Le Plan de Paris & Cartes particulieres des environs, par l'Abbé de la Grive. *grand in fol. v.*

33 306. L'Histoire Métallique de Louis XIV. *Imprimerie Royale*, 1702. *in fol. v.*

16 4 307 Les Illustres François & Etrangers de l'un & de l'autre Sexe, par F. Daret. *Paris*, 1652 3 *vol. in* 4.

5 308. Martinus Lister è Societate Regia. *Londini* 1678. *in* 4. *broché.*

12 309. Un livres d'Heures gotiques avec mignatures très conservées. *in* 8. *v.*

8 310. Les Statues antiques de F. Perrier, anciennes épreuves. *in fol. v.*

311. Les antiquités de Rome , en 50 6
pièces, par Gilles Sadeler. *petit in
fol. v.*

312. Le Temple des Muses, avec figu- 18
res, par Bernard Picart. *Amsterdam ,
1738. in fol. v.*

312. * Les Impostures Innocentes, par 13 . 12
le même. *Amsterdam , 1734. in fol.
en blanc.*

313 les Jeux & les Plaisirs de l'Enfance , 6   2
par J. Stella. *in 4. Par.*

314. Un Volume oblong, contenant 2   15
136 Estampes de divers Maîtres.

Suite d'Estampes.

315. Une suite de 22 vues de Venise , 13
par Michel Marieschi.

316. Autre de 20 Paysages , par Marco 8   1
Ricci, avec le Portrait de cet Artiste ,
& un titre.

317. La grotte de Versailles en 30 4   16
pièces, compris le Titre & le Plan.
Plusieurs sont avant la Lettre, & de
l'Edition de Goyton.

318. Le Roman Comique de J. B. 8
Oudry, en 25 pièces.

319. Caravane du Sultan à la Mecque , 8   4
en 32 pièces , gravées par Joseph
Vien.

6 . 319*. Cinquante-deux Estampes de divers Maîtres & Ecoles, dont la Susanne, d'après le Guide, par Wiſscher, & le Château S Ange de la Belle.

8 15 320. La Vie de Saint Bruno, en 24 piéces, gravées par Chauveau d'après Euſtache le Sueur, anciennes épreuves.

Et les Pierres antiques de Mademoiſelle Cheron, en 28 piéces.

3 8 321. La Jéruſalem délivrée, du Taſſe, en 21 piéces d'après Bernardo Caſtello.

Et la Colomne dreſſée à l'honneur de l'Empereur Theodoſe en 16 morceaux par Gentile Bellin.

ADDITION.

Eſtampes.

12 1 322. Huit Portraits, dont Mademoiſelle Duclos, d'après de Largilliere.

5 19 323. Sept Portraits, par G. Edelinck, & huit en maniere noire.

6 A 324. Trente autres de différens Maîtres.

3 1 325. Vingt-un de R. Nanteuil, & ſix de Maſſon.

22 19 326 Dix-neuf Portraits de H. Rigaud,

dont Charles Dozier, l'Abbé Pucel, & M. de Saint-Simon.

327. Soixante Portraits de différens Maîtres.   4

328. 94. Portraits. *idem.*   4. 8

329. Le Portrait de Henri IV. par H. Goltzius. Le Prince Chriftian à Cheval, rare; & neuf autres Portraits.   12 4

330. Vingt-fept Eftampes de la Belle & Callot.   6 5

331. Cinquante-huit Eftampes de différens Maîtres,   15

332. Soixante-deux Eftampes de Bernard Picart, Vleughels & autres.   10 12

333. Cent trente-huit de différens Maîtres.   5 5

334. Cent cinquante-huit autres de Poiffons, Oifeaux, &c.   6

335. Des Payfages, Ruines de Rome, &c. en tout foixante-dix-huit pieces.   4. 8

336. Cent Eftampes de différens Maîtres.   12

337. Soixante cinq Eftampes de Maîtres Italiens & Flamands.   8 19

338. Cent trente-neuf Eftampes de Callot & le Clerc, tant originales que copies.   11 5

339. Huit grandes Pieces d'après A. Coypel, Boulogne, & le Moine. Toutes anciennes épreuves.   12 15

10 3 340. Huit autres, dont le Frappement du Rocher, par Stella, premiere épreuve.

10 1 341. Sept grandes Estampes du Poussin, gravées par Pesne & Audran, anciennes épreuves.

19   342. Six d'Antoine Coypel.

12   343. Six de Coypel & Jouvenet.

11 14 344. Neuf grandes Pieces de Vander Meulen, du Cabinet du Roi.

12 2 345. Six autres d'après différens Maîtres d'Italie, & une Frise en vingt-cinq pieces d'après Julle Romain, par A. B. Stella.

11 19 346. Seize Estampes de Maîtres Flamands & Allemands, dont la Salle de Prague, par J. Sadeler, épreuve avant le nom de Marco.

5 - 1 347. Vingt-sept Estampes & trois Académies dessinées par Rigaud & L. de Boulogne.

10   348. Quarante Portraits, de Rigaud, de Largilliere & autres.

6. 8 349. Quarante six autres, dont plusieurs gravés par Edelinck.

5 19 350. Quatre vingts Portraits de Personnes Illustres.

12. 15 351. Quatre vingt-dix autres.

4 12 352. Soixante six de divers Maîtres.

15   353. Soixante cinq Estampes, plusieurs de Marc Antoine.

354. Cent deux de divers Maîtres des trois Ecoles. 23 4

355. Cent quarante-trois *idem*. 16 7

356. Cent cinquante autres. 8 10

357. Un Porte-feuille contenant plus de deux cens Estampes & Desseins. 10

358. Cinquante-trois Estampes d'Anciens Maîtres d'Italie, & des Pays-Bas. 6 4

359. Soixante-une Estampes, dont partie sujet de dévotion. 4 12

360. Vingt-quatre Morceaux du Sacre du Roi & Carouselles, avec cinquante-un Cartouches Militaires, d'après Le Clerc. 6 12

361. Les Comtes & Comtesses de Van Dyck, par Lombart en douze pieces. 7 - 12

362. Trente-quatre différens Sujets, de Callot. 6 2

363. Cent trente-trois autres par S. le Clerc. 8 · 15

364. Vingt-six en Maniere noire. 4 15

365. Vingt-deux différens Sujets en Maniere noire, colorés. 3 4

366. Vingt-huit Estampes de plusieurs Maîtres. 5 3

367. Un Porte feuille *in fol.* couvert de toile bleue, contenant plus de deux cens Estampes. 7 · 5

367 *. Cent onze Estampes par M. le Comte de Caylus. 11 3

368. Des Généalogies de Familles Illuf-
tres de France & autres, par Chevil-
lart, anciennes épreuves.

369. Un porte-feuille de deux cens Eftampes & Deffeins.

370. Un autre *idem.*

371. Des Cartes de Géographie & autres au nombre de plus de cent.

372. Deux cens Eftampes dans un porte-
feuille.

373. Autre, dont les Médailles de Go-
denefche.

374. Soixante-dix-neuf Morceaux faits
pour les Fêtes de la Ville. Ils font à
l'Eau forte & au trait.

375. Atlas fuivans les obfervations de
l'Académie des Sciences, Leyde.
1714. *in fol. obl. v.*

376. Autre par les Sieurs Sanfon d'Ab-
béville. 1658. *in fol.*

SUPPLEMENT.

Deffeins.

377. Un Porte-feuille contenant des
Deffeins de différens Maîtres des trois
Ecoles; le plus grand nombre eft co-
lé

lé & ajufté avec filets d'or. Ils feront divifés en plufieurs articles lors de la Vente.

378. Autre Porte-feuille de Deffeins & Eftampes. 16 8

ESTAMPES.

379. Le Repofoir de la Belle, épreu-ve belle & nette. 16 10

379 *. La Suite des facétieufes inventions d'Amour & de Guerre, en douze pieces, peu commune. 6 2
Six Payfages Maritimes, des Caprices en dix Pieces, fix Frifes, & les *Varie figure* en huit pieces.

379 **. Suites d'Animaux, Embarquemens, Payfages &c. en tout cent morceaux, par de la Belle. 11 15

380. Vingt-fept Eftampes de Frifes, Vafes & Bas-relief, par Gio Batta Galeftruzzi. 15

381. La Tentation de S. Antoine, par Callot. Belle épreuve, ajuftée avec filet d'or. 16

382. Les Capriccii di Varie figure, en cinquante pieces : Varie figure en dix-huit : plufieurs morceaux du Combat à la Bariere, du Nouveau Teftament 9 2

&c Cent neuf Eſtampes.

12. 6   383. L'Exercice de Cavalerie en vingt-
une pieces, par de la Belle ; la Grande Chaſſe & les Supplices, de Callot, l'Apothéoſe d'Iſis, de le Clerc &
autres pieces.

12 18 384. Vingt-deux Portraits de Hollar,
Rigaud & autres.

3. 2   385. Quatre Eſtampes de Wauvermans par Moyreau, & dix autres
d'après D. Teniers, Pater & la Joue.

9 2   386. Dix-neuf Eſtampes de Maîtres
Italiens & François.

4 2   387. Cinq Pompes Funebres, par M.
Cochin.

6 2   388. La Theſe de la Paix, de le Brun,
gravée par G. Edelinck, un Plan de
Paris, par Jaillot ; quatre Pieces des
Batailles d'Alexandre, par Picault &
trois Plans montés ſur toile, avec
rouleau & gorge.

3 19 389. Soixante-trois Theſes différentes.

5   390. Une grande Carte de l'Europe, &
un Plan de Paris, montés ſur gorge
& rouleau.

9 1   390*. Un Porte-feuille contenant ſoi-
xante-dix-huit Morceaux de Topo-
graphie, dont la Bataille de Norde-
lingen en quatre pieces, du Cabinet
du Roy.

390 **. Cent neuf Cartes de Geographie, par Jaillot, Defer, Bailleul & autres. · 15

390 ***. Dix-neuf Cartes de de L'Isle, vingt de Jaillot, dont la Suisse en quatre feuilles, rare, l'Isle de Corse, S. Domingue &c, en tout quarante-cinq. · 12 · 5

391. Neuf Estampes, dont S. Jérôme d'après J. Palme par Goltzius. · 9 · 19

391 *. La Suite de Versailles en trente-deux pieces, chez Mortain, & quatre grands Payſages d'Hérault. · 3 · 15

392. Cinquante Estampes, par Goltzius, J. de Geyn & autres. · 14 · 19

393. Soixante-seize Estampes, diverses. · 10

393 *. Diane qui découvre la grosseſſe de Calipſo, l'Alliance de Bacchus & de Ceres, gravées par Saenredam, d'après H. Goltzius, & autres morceaux. · 10

394. Dix Estampes de F. Boucher & une de Carle Vanloo. · 7 · 4

395. Trente Estampes de divers Maîtres. · 5 · 5

396. Huit de Jouvenet, Coypel. Mignard & Le Brun, dont la Magdelaine, & S. Charles, par Edelinck. · 12 · 12

397. L'Ecce Homo & la Vierge aux · 13 · 4

Anges, grandes piéces très eſtimables, par Bolſevert, d'après Vandyck.

399. Trois grandes piéces Groteſques, & une batterie de Payſans, d'après Pierre Breughel, par L. Vorſterman.

400. 11 Eſtampes de Rubens, Vandyck & Diepenbeke.

401. 30 Eſtampes de Goltzius, Muller, dont pluſieurs Portraits, beaux d'épreuves.

402. Onze piéces de Rubens.

403. 120 Eſtampes d'après Stella, Cazes & autres Maîtres.

404. Vingt-deux Morceaux, dont 21 gravés par Rembrandt.

405. Douze Eſtampes de Rubens, Vandyck & Jordaens.

406. Soixante & onze Eſtampes de divers Maîtres des trois Ecoles.

407. Soixante-quinze. *idem.*

408. Les 4 grands Albanne, par Beaudet, l'âge d'or par N. de Bruin, &c. en tout 30 piéces.

409. 55 Eſtampes de divers Maîtres, & Ecoles, dont un petit œuvre d'Amateur, gravé à l'Eau-forte.

410. Douze autres.

411. Les Oiſeaux de Rober, en 31 piéces, & 18 de la Grotte de Verſailles, dont le Soleil chez Theris,

par Edelinck . d'après Girardon &
Regnaudin , épreuve de Goyton.

412. Vingt-sept Portrait de H. Rigaud,
& de Largilliere.

413. 32 Piéces, dont 26 Portraits par
Nanteuil , G. Wille & autres.

414. 24 de Lucas & Albert Durer , dont
la Melancolie.

415. Douze Estampes d'après le Brun,
Subleyras , Stella & autres.

416. 36 gravées par Blotelingh , Van
Dalen & autres.

417. Le Cabinet de Girardon en 19
Morceaux.

418. 40 Cartes & Plans de Sanson , du
pere Placide & autres.

419. 200 Estampes de Sebastien le Clerc.

420. Plusieurs Desseins & Estampes,
Portraits , Sujets & Paysages montés
sous verre , qui seront détaillés dans
chacune des Vacations.

421. Plusieurs portes-feuilles de diffe-
rentes grandeurs , & des livres réliés,
propre à mettre des Desseins & Estampes.

F I N.

FEUILLE INDICATIVE

Des Articles qui seront vendus chaque jour.

Le Lundi 13 Décembre 1762.

Numéros 2, 11, 14, 16, 33, 50, 51, 63, 72, 89, 95, 102 *, 110, 118, 125, 133, 136, 148, 155, 163, 171, 179, 185, 188, 196, 197 *, 203, 204, 216, 224, 230, 239, 243, 249, 263, 271, 273, 290, 292, 297, 362, 363, 364, 365, 366, 368, parties de 377, 388, 389, 391, 404, 407, 408, 409, 412.

Le Mardi 14 Décembre.

4, 15, 18, 23, 34, 37, 48, 52, 64, 71, 81, 90, 96, 103, 111, 119, 126, 134, 147, 156, 164, 172, 180, 189, 197, 206, 217, 225, 228, 229, 237, 246,

250, 264, 272, 274, 289, 291,
299, 300, 301, 309, 357, 358,
359, 360, 361, 367*, 369, parties de 377, 386, 387, 392, 405,
406.

Le Mercredi 15 Décembre.

6, 13, 19, 31, 35, 38, 53,
65, 70, parties des Numéros 78
& 79, 82, 83, 91, 97. 104, 112,
120, 127, 137, 138, 139, 149,
157, 158, 165, 173, 181, 190,
198, 214, 218, 226, 231, 238,
247, 251, 258, 265, 312, 312*, 315,
354, 355, 356, 367, 370, 371,
382, 384, 385, 399, 400, 416,
417, 418, 419.

Le Jeudi 16 Décembre.

3, 21, 25, 29, 36, 39, 54, 66,
69, parties de 78 & 79, 84, 92,
98, 105, 113, 121, 128, 140, 140*,
141, 150, 166, 174, 182, 191,
199, 213, 219, 232, 240, 244,
252, 253, 266, 316, 323, 324,

325, 326, 327, 328, 349, 350,
351, 352, 353, 372, 373, parties de 378, 381, 383, 402, 403,
413, 414, 415.

5, 12, 24, 26, 45, 49, 55,
59, 67, 77, parties de 78 & 79,
85, 92 *, 99, 106, 114, 122,
129, 142, 143, 151, 159, 167,
175, 183, 192, 200, 209, 210,
220, 233, 241, 254, 255, 267,
278, 279, 280, 281, 282, 314,
317, 319 *, 320, 321, 322, 344,
345, 346, 347, 348, 374, 375,
parties de 378, 379 **, 380.

7, 9, 28, 30, 41, 43, 46, 58, 61,
68, 75, 86, 92 **, 100, 107,
115, 123, 130, 144, 152, 160,
168, 176, 184, 193, 201, 208,
221, 234, 242, 256, 268, 276,
283, 284, 285, 307, 308, 310,
311, 313, 318, 332, 340, 341,

342 , 343 , 376 , parties de 378 ,
379 , 379 *, 390 , 410.

Le Lundi 20 Décembre.

1 , 20 , 12 , 27 , 44 , 56 , 60 ,
73 , 76 , 80 , 87 , 93 , 101 , 108 ,
110 *, 116 , 123 *, 131 , 145 ,
153 , 161 , 169 , 177 , 186 , 194 ,
202 , 207 , 222 , 227 , 235 , 245 ,
257 , 269 , 275 , 276 *, 277 , 286 ,
287 , 288 , 302 , 303 , 304 , 305 ,
306 , 334 , 335 , 336 , 337 , 338 ,
393 , 393 *, 396 , 397.

Le Mercredi 22 Décembre.

8 , 10 , 17 , 32 , 40 , 42 , 47 ,
57 , 62 , 74 , 88 , 94 , 102 , 109 ,
117 , 124 , 132 , 135 , 146 , 154 ,
162 , 170 , 178 , 187 , 195 , 205 ,
211 , 212 , 213 , 215 , 223 , 236 ,
248 , 259 , 260 , 261 , 262 , 270 ,
275 , 293 , 294 , 295 , 296 , 298 ,
329 , 330 , 331 , 332 , 333 , partie de 378 , 394 , 395 , 401 , 411.

F I N.